AF340137

LE
RÉVEIL DE L'OPINION

ANTAGONISME DES IDÉES

FUSIONISTES, CÉSARIENNES ET RADICALES

PAR

J.-A. TARDIF.

MARSEILLE

TYPOGRAPHIE ET LITHOGRAPHIE ARNAUD ET C\ue

Cannebière, 10

1865

LE

RÉVEIL DE L'OPINION

ANTAGONISME DES IDÉES FUSIONISTES, CÉSARIENNES ET RADICALES.

La situation présente a besoin d'être expliquée d'une manière nette et franche ; ai-je le droit d'en prendre l'initiative et de me faire le promoteur de cette idée ? aurai-je la force de remplir une pareille tâche ?

L'obscurité de mon nom, une éducation douteuse, une jeunesse inexpérimentée semblent me le défendre et me font regretter qu'une voix plus autorisée ne l'ait entrepris. Mais s'il est vrai que les petits et les faibles ont leur utilité, je consentirai volontiers à mettre tout scrupule de côté ; à défaut de talent je montrerai de la bonne volonté en apportant ma faible part de lumières dans la pénible élaboration des idées sociales.

Je n'ai pas la prétention de donner une impulsion aux idées, je ne viens pas me poser en prophète, ni je ne veux point donner une leçon de politique.

Vivement sollicité par quelques amis de tirer une nouvelle édition d'un opuscule qui, aujourd'hui, me paraît manquer d'opportunité, je cède à leur désir en reprenant la plume pour ajouter quelque réflexions et pour déduire des faits qui se sont passés depuis son apparition les enseignements qui en découlent.

Examen critique des Élections du 25-26 juin 1864.

Peu habitués depuis longtemps à cette animation, à cet entraînement, à ces luttes vives qui annoncent le réveil de l'opinion et la renaissance à la vie politique, quels qu'aient été les résultats obtenus dans les dernières élections, il nous sera permis de saluer ce mouvement progressif !

La masse a senti qu'elle devait enfin exprimer sa volonté et mêler sa puissante voix dans les affaires publiques ; encore peu sûre d'elle-même, elle a eu des tâtonnements et des hésitations, mais elle a fait acte de bonne volonté, c'est là un bon symptôme, un sûr garant pour l'avenir.

On a commenté de diverses manières les élections au Conseil général : les uns ont vu un échec de la démocratie, les autres ont vu un triomphe. Je prendrai la liberté de n'être ni de l'un ni de l'autre avis.

Je n'ai pas à me faire le défenseur de qui ne veut point se défendre contre certaines attaques ; je n'ai pas non plus à me prononcer dans un sens approbatif pour les accusations ; je constaterai seulement qu'un silence obstiné a donné quelque consistance aux bruits et jeté quelque peu le désarroi parmi les démocrates. Je passerai donc, laissant à chacun la responsabilité de ses actes.

Ce qu'il m'importe d'examiner, c'est si le vote de la démocratie a été sincère, et s'il l'a été, comme je crois pouvoir le soutenir, cela me suffit pour elle.

Je l'ai dit ailleurs, on ne doit point voter pour un homme, on doit voter pour un principe ; si l'homme fait défaut au principe, la démocratie n'en est point responsable, et d'avance elle est absoute ; naturellement la faute retombera sur son auteur : en aucun cas la défection d'un candidat n'implique que le principe soit mauvais.

Quand les électeurs ont donné leurs suffrages consciencieux à un candidat qui, par son nom, par son passé, par sa réputation inattaquable, semble le mieux représenter leur opinion, ils ont fait leur devoir et ils n'ont plus qu'à prendre note pour l'avenir de la conduite de leur représentant.

Il est bien entendu que je ne fais aucune personnalité, mais que je me place simplement dans l'hypothèse où un cas semblable se produirait.

On a beaucoup accusé cette fraction de la démocratie qui, repoussant toute alliance impure, a voulu marcher seule, de s'être mise à la remorque de l'Administration. Le fait n'est pas exact : le comité démocratique à librement choisi ses candidats, et s'il a plu à l'Administration de voter avec la démocratie, je ne vois pas qui pouvait l'en empêcher ?

Maintenant, je demanderai aux accusateurs quelle était la marche à suivre en face de ces deux alternatives ? D'un côté une candidature est présentée comme représentant la Démocratie, de l'autre une candidature

représentant la Fusion, c'est-à-dire le chaos. Que de-
vaient faire les électeurs? À tout prendre, il y avait bien
quelque répugnance à marcher de pair avec les agents
de l'autorité, et cela paraissait justifier le reproche de
Césarienne dont on gratifiait la démocratie. Mais y
avait-il à reculer? Il fallait ou abandonner l'idée de ralliement ou opter pour cette coalition qui n'est autre chose
que la confusion des idées.

D'ailleurs, n'étions-nous à la remorque de personne
en consentant à suivre la fusion? Ne nous mettions-
nous pas à la suite de ces vieux partis dont la main hy-
pocrite s'est montrée dans tous nos avortements politiques? N'était-ce point s'avouer d'avance vaincus par
ceux qui, naguère encore, aux élections législatives, ne
comptant la démocratie que pour le nombre de votes
qu'elle peut donner, et la jugeant incapable de faire le
moindre acte politique, lui imposaient des noms de leur
choix?

Eh bien, si nous devons être traités en pupilles, soyons
au moins des *enfants terribles*, et si un jour on vient
nous faire des propositions, on nous laissera la liberté du
choix pour la part qui nous incombera.

Se rend-on bien compte de ce système d'union, dans
lequel le parti démocratique n'a aucune initiative?
Comprend-on bien la signification de propositions dans
le genre de celle-ci : « Démocrates, nous venons vous
« proposer la fusion et pour vous éviter la peine de re-
« chercher des candidatures, nous venons à vous avec
« les candidats tout trouvés, nous vous avons fait large
« part, soyez-en certains, nous avons mieux choisi que
« ce que vous auriez pu le faire vous-mêmes ; en revan-
« che, nous vous demandons à ce qu'ils ne soient point
« discutés, sans cette condition toute entente serait im-
« possible.»

Je ne sais pas s'il y en a beaucoup qui goûteraient des propositions faites en ces termes ; quant à moi, je serais toujours prêt à faire la réponse que je fis dans une circonstance analogue : « Messieurs les royalistes de pre-
« mière et de deuxième catégorie, il nous est impossible
« au nom de la démocratie d'accepter votre proposition ;
« dès l'instant que vous vous êtes occupés de choisir le
« candidat qui doit représenter notre opinion et que
« vous l'imposez comme condition *sinè qua non* de
« notre entente, je me permettrai de déclarer, que ne
« sachant pas quel est le pacte qui vous lie avec lui, il
« me devient *suspect*. Occupez-vous de ce qui concerne
« vos idées, et laissez-nous agir librement pour ce qui
« regarde les nôtres. »

A cette réponse, tout le monde se récria, le mot de *suspect*, qui venait d'être lâché, m'attira les invectives mêmes de mes collègues. Je ne sais pas ce qu'ils en pensent aujourd'hui ; ce qu'il y a de certain, c'est que je ne le rétracte pas, que je le maintiens dans toute sa rigueur : ou le parti démocratique sera en honneur et traitera de pair avec les autres partis, ou je combattrai de toutes mes forces ceux qui se feront les promoteurs de son humiliation.

Un dernier fait que je tiens à relater ici ne fait que confirmer la mauvaise opinion que l'on a de ces partis encroûtés et sans bonne foi. Après le premier tour de scrutin des 18 et 19 juin, des pourparlers eurent lieu entre les radicaux et les fusionnistes : ceux-ci proposaient de faire désister, dans le cinquième canton, les deux candidats en compétition, et d'en présenter un troisième qui rallierait toutes les idées. Or, quand le comité démocratique, qui n'était pas fâché de se tirer d'une position ambiguë, fut en possession des pièces de son candidat, le comité de la fusion voulut quand même maintenir le sien.

Qu'en pensent les démocrates de Paris qui blâment notre conduite ? Qu'eussent-ils fait à notre place ?

Je répète donc que le suffrage a été sincère, cela me suffit pour le principe ; j'irai plus loin, dans le déplacement des votes et la diminution de majorité du premier au second tour de scrutin, je trouve la preuve évidente que les électeurs s'occupent activement d'élections : il était facile de prendre le change.

Quant à ceux qui, ne trouvant pas la situation suffisamment claire, se sont abstenus, je ne saurais les en blâmer ; quand l'abstention est intelligente, c'est un moyen de manifester son opinion dont le mérite ne peut-être contesté ; il n'y a de blâmable que l'abstention qui est le fruit de la négligence ou de la paresse ; c'est pourquoi le bulletin blanc est la meilleure de toutes les abstentions.

J'ai un dernier mot à dire à tous ces électeurs placides qui, arguant du titre de démocrates, soutiennent bénignement que la démocratie ne peut rien par elle-même, qu'il faut qu'elle s'allie à d'autres idées ; mais il ne s'aperçoivent pas que ce sont eux-mêmes qui préparent ses insuccès et que c'est en passant dans des camps opposés qu'ils la font échouer. Les échecs de la démocratie ne viennent que par ce qu'il y en a qui l'abandonnent, qui manquent de foi en elle : quelques-uns croient être dans le vrai, je le reconnais, mais enfin ils n'en sont pas moins les vrais auteurs de ses défaites.

Que ne peut-on reprocher à ces hommes qui préfèrent s'allier avec les plus rudes ennemis de nos idées, soit d'un côté soit de l'autre, que de s'allier avec ceux qui s'en font les propagateurs dans toute la pureté du principe ?

Je le dis hardiment : du jour où la démocratie marchera en bataillon serré au scrutin, rien ne résistera à son entraînement, elle comptera autant de victoires qu'elle a compté de défaites.

Que si nous devions rester éternellement sous la tutelle, si nous devions toujours exister à l'état mythique, je ne vois pas pourquoi nous nous donnerions tant de peine ; nous n'aurions plus qu'à décliner toute opinion et à demeurer froids spectateurs de luttes qui ne nous regarderaient pas. Mais tel n'est pas mon sentiment, j'ai une foi ardente dans le progrès des idées ; en dépit de toutes les réactions omnicolores, le principe de la liberté triomphera.

Radicalisme, Fusion et Césarisme.

On a dû s'apercevoir que je suis pour les idées radicales. Toutefois je ne pousserai pas le rigorisme jusqu'à ne jamais entendre raison ; et si dans des élections telles que le Conseil général, départemental ou municipal, on laissait à la démocratie sa part d'initiative, je me garderais bien d'engager personne à refuser l'alliance.

Ces sortes d'élections purement locales n'entrent que pour moitié dans le principe ; ce qui importe le plus, c'est de rechercher des hommes capables, judicieux, fermes et pouvant exercer un contrôle sérieux dans les affaires publiques. Or, je crois qu'on pourrait trouver ces hommes-là dans tous les camps.

Il serait beaucoup plus beau de n'envoyer à ces fonctions que des candidats qui représenteraient notre opinion, mais au pis-aller on pourrait accepter une alliance ; malheureusement, nous avons la preuve authentique que toutes celles qui ont été tentées jusqu'à ce jour, ont tourné à notre détriment et nous ont rendus dupes de notre bonne foi.

Les démocrates, je me plais à le dire, se piquent de loyauté : une fois qu'un mot d'ordre est donné, ils ne le trahissent point. Nos adversaires de couleur *blanche* et *bleue* pourraient-ils en dire autant ? N'a-t-on pas vu des listes adoptées par les comités réunis, dont les noms de couleur démocratique étaient raturés avec une tactique qui fesait présumer un comité secret et inquisitorial qui modifiait en sous-main ce qu'il venait d'accepter ouvertement ?

Mais, me dira-t-on, rien de tèl ne s'est produit dans les dernières épreuves.

Franchement, à ceux qui me feraient cette réponse niaise, je serais forcé de leur déclarer qu'il ne connaissent pas le premier mot de la politique, et que si le vote a été sincère de la part de nos adversaires, c'est qu'eux-mêmes avaient fait le choix des candidats, qu'à certains noms ils avaient donné une couleur qui n'était pas la leur, en un mot qu'ils s'étaient assurés le concours d'un comité soi-disant démocratique pour leur servir de plastron et pour faire servir la démocratie de marche-pied à leur ambition.

Voilà la situation ! Qu'on vienne dire à présent qu'il n'y a plus de disciples de Machiavel ?.......

Il me sera bien difficile de compléter d'une manière satisfaisante les développements qu'exigerait le titre de ce chapitre ; j'avoue d'avance que le sujet est au-dessus de mes forces. Pourtant puisque je l'ai entrepris, tant bien que mal, je vais tâcher en abrégeant beaucoup, d'en donner une idée.

Il y a quelques jours, une brochure à couverture *havane*, était exposée chez quelques libraires avec ce titre pompeux : La *démocratie Césarienne* et l'*Union libérale*.

L'auteur cherche à établir qu'entre ces deux idées il y a une grande divergence, et après s'être fait le défenseur de l'une pour combattre l'autre, il ne conclut à rien.

Qu'il me soit permis encore une fois de n'être pas de l'avis de tout le monde. Ces deux expressions me paraissent identiques sous plus d'un rapport ; j'en trouve la preuve dans les faits mêmes. D'abord est-ce que les champions de l'Union libérale ne font pas du *Césarisme* quand, attirant à eux quelques démocrates irréfléchis et écartant ceux qui pourraient leur faire quelque opposition, ils s'imposent aux électeurs et jettent ainsi la division dans la démocratie?

D'un autre côté si, comme on le dit, le Césarisme c'est la démocratie embrassant les genoux du pouvoir, est-ce qu'il ne fait pas un peu de l'*Union*? Est-ce qu'en outre la liste officielle patronnée pourra mettre de côté aux prochaines élections municipales les couleurs blanches, bleues, cardinales dont s'émaille notre conseil municipal actuel?

Il me semble qu'on ne peut guère sortir de ce dilemme et qu'il y a une grande analogie dans les procédés.

Avec le Césarisme, ce serait la volonté d'un seul qui présiderait le suffrage, et dès lors il n'aurait plus sa raison d'être ; avec la Fusion ce serait toujours la volonté des intrigants qui prédominerait.

Mais ou le suffrage universel est une dérision et aurait par conséquent dit son dernier mot, ou chaque opinion doit avoir sa part d'initiative.

C'est pourquoi je m'en tiens et que je prône bien

haut les idées radicales, persuadé que le jour où l'opinion sera poussée jusqu'à la vertu elle triomphera.

Dans tous les cas si nous devons supporter encore des déceptions, soit par l'atonie des électeurs, soit par les manœuvres de nos adversaires, forts d'une conscience sans reproche, il nous sera permis de dire après chaque défaite et avec le rayonnement de l'espoir sur le front : « À la prochaine, tôt ou tard notre foi inaltérable convaincra les autres ! »

De la Morale Politique.

Le rapprochement des idées antagonistes ayant amené la corruption politique, il serait bon d'établir quelles funestes conséquences peuvent résulter de cet état morbide et malsain.

Supposons un instant que ceux qui se sont faits les instigateurs de la fusion et qui ont fortement engagé la démocratie à s'avanturer dans cette voie, fassent scission entre eux, comment vont-ils s'y prendre pour ramener cette foule de démocrates qui, n'examinant pas les choses de trop près, ne regardent que le succès ; ce succès éphémère a été acheté par une lâcheté, mais de cela ils ne s'en aperçoivent pas, ils chantent victoire et pour rien au monde ils ne voudraient changer de tactique.

Il est facile de le prévoir, du jour où la réaction ne trouvera plus son avantage à frayer avec la démocratie elle abandonnera tout esprit d'union, elle combattra de toutes ses forces ceux qu'elle flagornait la veille, témoin les organes de notre cité qui, pendant la période électorale, donnent à leurs lecteurs des articles de circonstance dans lesquels ils s'inspirent des principes de 89 et qui, au lendemain de l'élection, combattent ces mêmes principes à outrance ; peu s'en faut qu'ils ne couronnent *Rosières* tous les électeurs qui ont voté pour la liste patronnée par eux.

Qu'on en convienne, la perspective n'est pas attrayante !

Il faut que tous les actes politiques soient inspirés par la saine Morale, sans quoi ils risquent d'être des monstruosités.

La ruse et l'intrigue doivent être réprouvées, et la démocratie, sous peine de corruption, doit s'en défendre. Vaincre par de tels moyens c'est ne pas vaincre, c'est déclarer que nous ne valons pas mieux que les partis déchus.

Il faut que chaque électeur en présence du scrutin puisse dire : « Je vote suivant ma conscience, ce n'est pas « parce que je porte le nom d'un tel ou d'un tel (la per- « sonnalité ne m'est rien) mais bien parce que je porte « une idée confiée à mon bulletin que je vote de gaieté de « cœur et avec l'intime confiance d'avoir rempli un de- « voir. » Voilà ce que je proclame la haute morale politique, ce que je soumets à l'appréciation de tous les hommes sérieux.

Maintenant, lecteurs, en terminant permettez-moi de vous adresser encore quelques mots. Suivant toute probabilité dans un an nous aurons un nouveau rendez-vous au scrutin ; que dans cet intervalle chacun se prépare, que chacun dans son for intérieur se tienne prêt à

la lutte ; justifiez autant qu'il vous sera possible le titre
que j'ai donné à cet écrit, et peut-être qu'il vous sera
réservé de donner l'exemple du ralliement général :

Quelle gloire ! et quelle réponse édifiante à l'adresse de
ceux qui chargent Marseille d'un sobriquet qu'elle ne
mérite pas !

J.-A. TARDIF.

Marseille, le 1er juillet 1864.

Il y a environ huit mois que j'écrivais ce qui précède,
et par des raisons particulières l'écrit ne put être livré
à l'impression.

Je n'ai pas à modifier mes appréciations d'alors.

Je crois et je maintiens que la démocratie est très-
nombreuse à Marseille, mais, faute de s'entendre elle
n'aboutit qu'à des échecs.

Ne viendra-t-il pas un moment où, mettant de côté
tout esprit de division, elle marchera compacte à la réa-
lisation de son principe ?

Que l'époque en soit lointaine ou rapprochée, il nous
sera permis de l'espérer.

J.-A. T.

Marseille, 22 février 1865.
